ENSINAR MATEMÁTICA DE UMA MANEIRA DIFERENTE

Coleção Relatos de Si

Gustavo Henrique Alves
Marcos Roberto da Silva
Gabriel Araújo Freitas
Sinara Costa Pereira Silva

Editora IGM
2022

Dados Internacionais de Catalogação na Publicação (CIP)

A474e

Alves, Gustavo Henrique.

Ensinar matemática de uma maneira diferente / Gustavo Henrique Alves; Marcos Roberto da Silva; Gabriel Araújo Freitas; Sinara Costa Pereira Silva. Coleção Relatos de Si. Volume: 7. Goiânia: IGM, 2022.

36 p. : il. ; 14 cm

ISBN: 978-65-80508-60-0

1. Educação. 2. Tecnologias. 3. Robótica. 4. Matemática
I. Título

CDU: 37
CDD: 370

Sumário

Introdução

O desenvolvimento do Residência Pedagógica (RP) teve início em outubro de 2020 (dois mil e vinte) e se encerrou em março de 2022 (dois mil e vinte e dois), o RP foi dividido em três módulos com duração 414 (quatrocentos e quatorze) horas, sendo 138 (cento e trinta e oito) horas para cada módulo que realizamos no período de seis meses cada.

As atividades desenvolvidas pelo nosso grupo do RP ocorreram no Colégio Estadual da Polícia Militar de Goiás - Dr. Pedro

Ludovico, localizado na cidade de Quirinópolis, com a preceptora.

As atividades desenvolvidas durante todo o programa, sendo que para cada módulo realizamos duas atividades de intervenção na escola campo, a primeira foi a invenção de situações-problemas acerca dos conteúdos matemáticos com o uso da robótica e a segunda foram as orientações, semirregências e regências.

Devido ao cenário que vivenciamos no período de pandemia nossas atividades foram realizadas de modo remoto (online) e quando necessário presencial sendo que foi obedecido todas as normas de segurança exigidas pela secretaria de saúde.

Desde o começo do RP realizamos encontros e seminários todas as quintas-feiras, e durante esses encontros decidimos utilizar um método diferente para as propostas de ensino, decidimos ensinar matemática de maneira inventiva, com o foco de todo o projeto do RP na *Educação Matemática Inventiva* (EMI) (SILVA 2020, SILVA & SOUZA JR. 2019, 2020a, 2020b) envolvendo a utilização dos conhecimentos matemáticos em meio à problematização do mundo e à produção de ações e práticas de aprendizagem inventiva.

Neste sentido, o presente relato de experiência entre outros (FERNANDES et al., NASCIMENTO et al., COSTA et al., ALVES et al., DA SILVA et al., LEÃO et al., LOPES SILVA et al.) foi produzido de maneira colaborativa entre os residentes pedagógicos.

Resultados e Discussão

No desenvolvimento das atividades do programa RP, trabalhamos a primeira proposta com o conceito de robótica, isto é, à ideia da robótica educacional conforme a concepção de Barbosa (2016). Neste contexto, a robótica foi utilizada como um instrumento ou, conforme a definição de Deleuze (1996), como um dispositivo para o desenvolvimento das produções inventivas.

Nossa proposta para ensinar matemática de uma maneira inventiva, envolveu a utilização dos conhecimentos matemáticos em meio a problematização do mundo e à produção de ações e práticas de aprendizagem inventiva, sendo que não nos restringimos em usar o conhecimento da matemática inventiva só na resolução de problemas, mas também no deslocamento do conhecimento matemático para a invenção de problemas.

Nossa segunda proposta foi a orientação, onde participamos de encontros científicos, palestras e acompanhamos o professor preceptor.

No nosso primeiro módulo do RP tivemos desafios na questão de como desenvolveríamos nossas atividades de matemática com o uso da robótica, pois como queríamos que fosse um método diferente e inventivo, tivemos que criar nosso projeto.

Nossas concepções foram ligadas à produção de problemas inventivos que encontramos embasamento nas produções de Silva (2020), Silva & Souza JR. (2019; 2020a; 2020b) no campo educacional da matemática, com fortes ressonâncias no campo da psicologia nos trabalhos de Kastrup (2000-2015).

No desenvolvimento do nosso projeto inventamos um cenário inventivo e desenvolvemos problemas inventivos com o conteúdo de sólidos geométricos que foram trabalhados em turmas dos 7ºs (sétimos) ano do Ensino Fundamental II.

Figura 1: Mundo inventivo (módulo 1)[1].

Fonte: Os autores.

---

1 Disponível em: <https://www.youtube.com/watch?v=vO3JvuvTWQM&t=101s>. Acesso em 21 mar. 2022.

Tal proposta de ensinar matemática com o uso da robótica foi elaborada a partir da criação do cenário inventivo, que envolveu a criação de maquetes e a inclusão de diversos objetos que representariam uma cidade pela qual o dispositivo robótico circularia.

Além do mundo inventivo, a proposta pedagógica foi composta pelos 11 (onze) problemas inventivos desenvolvidos a partir de situações-problemas envolvendo os objetos que compunham o cenário inventivo no qual estão relacionados ao conteúdo de sólidos geométricos.

O material produzido durante os encontros do programa RP foi utilizado para aplicação durante a aula experiencial, que foi realizado com aproximadamente 100 (cem) alunos das quatro turmas dos 7ºs (sétimos) ano do Colégio Estadual da Polícia Militar de Goiás - Dr. Pedro Ludovico. O ambiente virtual da sala de videoconferência do Google *Meet*[2] possibilitou a exploração dos conteúdos de mídia[3] (vídeos, sons), a utilização de um

---

2 é um serviço de comunicação por vídeo desenvolvido pelo Google.

3 Disponível em: <https://www.youtube.com/watch?v=DSjoE4BnRBE&t=6s>. Acesso em 17 mar. 2022.

"quadro virtual" em que as respostas dos alunos eram registradas.

Figura 2: Registro das respostas dos discentes

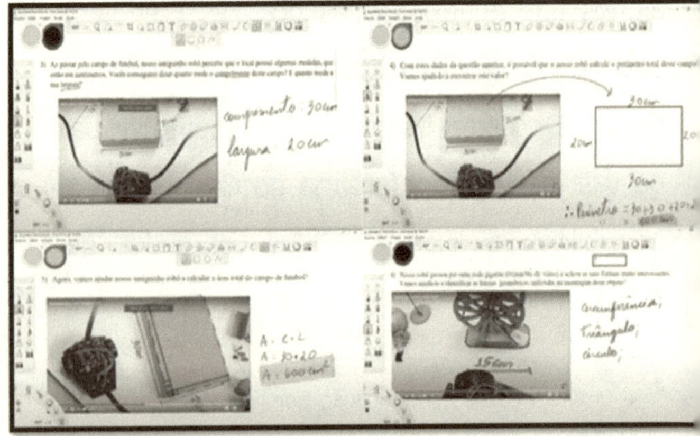

Fonte: Os autores.

A segunda proposta, ocorreu durante o módulo I, onde realizamos algumas atividades, como nas primeiras semanas tivemos um seminário para o aperfeiçoamento colaborativo das propostas, onde discutimos as propostas que utilizamos na atividade de matemática com o uso da robótica.

Participamos do evento científico Seminário de Ensino, Pesquisa e Extensão (SEPE) - UEG, onde apresentamos o nosso projeto de matemática com o uso da robótica. Após essas atividades realizamos a semirregência por meio do aplicativo de comunicação *WhatsApp*[4], com o auxílio e orientação da professora preceptora, gravamos alguns vídeos relacionados aos conteúdos matemáticos de Área e Perímetro, com o objetivo de provocar experiências e aprendizagem com os alunos do 8º (oitavo) ano.

---

4 é um aplicativo multiplataforma de mensagens

Figura 3: Material utilizado via *WhatsApp* (módulo 1).

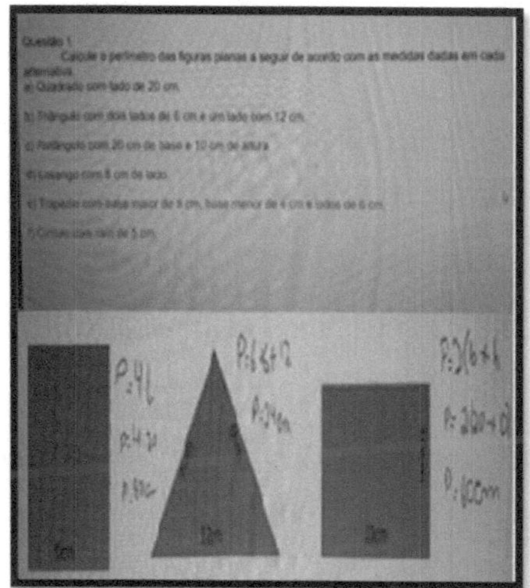

Fonte: Os autores.

---

instantâneas e chamadas de voz para smartphones.

A regência foi realizada durante a produção da atividade Educacional de Matemática que ocorreu em etapas, primeiramente foi postado o vídeo com o conteúdo de área e perímetro no *WhatsApp*, em seguida foi postado as atividades, e no final da aula corrigimos as atividades.

No segundo módulo fizemos um estudo das habilidades da Base Nacional Comum Curricular (BNCC) de matemática, articuladas à turma que trabalhamos no colégio, após esse estudo teve início a construção do segundo mundo inventivo, com a colaboração de mais três RP, e a invenção dos problemas que foram trabalhados em aulas de Matemática em turmas do 8º (oitavo) ano.

Figura 4: Mundo inventivo e dispositivo robótico (módulo II)[5].

Fonte: Os autores.

---

5 Disponível em: <https://www.youtube.com/watch?v=I8iel7RxEvQ&t=13s>. Acesso em 18 mar. 2022.

Além do mundo inventivo, a proposta pedagógica foi composta pelos 16 (dezesseis) problemas inventivos desenvolvidos a partir de situações-problemas envolvendo o cenário inventivo e relacionados ao conteúdo matemático sólidos geométricos. Porém no decorrer do segundo módulo tivemos imprevistos devido ao fim do período do ano letivo e não conseguimos apresentar nosso projeto na escola campo.

As atividades de orientação, semirregência e regência do módulo II ocorreu posteriormente a criação do cenário inventivo, onde criamos um plano de aula individual com o conteúdo que depois por meio do aplicativo de comunicação *WhatsApp*, com o auxílio da professora preceptora, onde gravamos alguns vídeos relacionados aos conteúdos matemáticos de área e perímetro das figuras planas, também inventamos algumas atividades que a professora preceptora utilizou em sua avaliação bimestral, com os alunos do 8º (oitavo) ano.

Figura 5: Aula ministrada pelo *WhatsApp*, módulo 2.

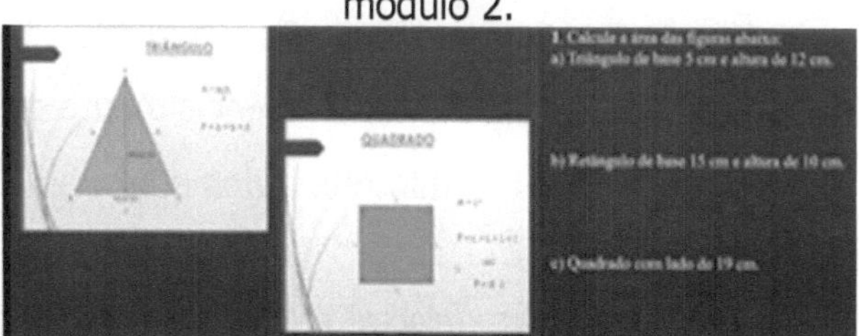

Fonte: Os autores.

Iniciamos o terceiro e último módulo levando para a escola campo uma nova forma de apresentação, nosso projeto do módulo II foi transformado em um livro híbrido[6], para que os alunos pudessem resolver as atividades precisariam dos seus celulares para escanear o QR *Code* que estava presente na folha da atividade, assim eles assistiriam o vídeo produzido do nosso mundo inventivo. Sendo que nesse módulo tivemos a oportunidade de apresentar presencialmente o nosso projeto, lembrando que todos utilizaram

---

6 Disponível em: <https://agbook.com.br/book/386298--Matematica_com_Robotica>. Acesso em 20 mar. 2022.

máscaras e mantiveram a distância de acordo com as normas de saúde.

Figura 6: Atividades proposta na escola campo (módulo 3).

Fonte: Os autores.

No módulo III, posteriormente a apresentação do nosso mundo inventivo, apresentamos em diversos eventos científicos como XVIII Semana Acadêmica de Matemática (SEMAT), VIII Congresso de Ensino, Pesquisa e Extensão da UEG e XVII Seminário, de Ensino, Pesquisa e Extensão (SEPE), Quirinópolis, e na conclusão da orientação e semirregência, tivemos que elaborar um plano de aula que foi desenvolvido para realizar a regência de maneira remota via WhatsApp, com o auxílio da professora preceptora, onde gravamos alguns vídeos relacionados aos conteúdos matemáticos de área e perímetro das figuras planas, com o objetivo de provocar experiências de aprendizagem com os alunos.

ENSINAR MATEMÁTICA DE UMA MANEIRA DIFERENTE
(ALVES, et al.)

Considerações Finais

A elaboração e produção das atividades propostas tanto com o uso robótica quanto a da regência e de todos os materiais utilizados para o desenvolvimento das aulas trouxeram desafios, que foi entender o que tinha a disposição, e como a tecnologia de comunicação contribuiria para o melhor desempenho dos estudantes, e como a sua interação com os vídeos postados em videoconferências via *WhatsApp* desencadearia uma experiência de aprendizagem satisfatória.

O objetivo de ensinar e aprender matemática de uma maneira inventiva foi alcançado por meio da interação dos alunos com os vídeos e durante a resolução das atividades, durante todo o Residência Pedagógica aprendemos que podemos ensinar matemática de outra maneira além do tradicional livro e quadro, que pode ser diferente e divertida.

Referências

Alves, G. H., da Silva, M. R., Freitas, G. A., & Silva, S. C. P. (2022). TC6 ENSINAR MATEMÁTICA DE UMA FORMA DIFERENTE. ***Anais do Seminário de Ensino, Pesquisa e Extensão do Câmpus Sudoeste, 1, 103-111.*** Disponível em: < https://www.anais.ueg.br/index.php/sepe_sudoeste/article/view/15173/12128>. Acesso em: 07 fev. 2022.

BARBOSA, F. C. Rede de Aprendizagem em Robótica: uma perspectiva educativa de trabalho com jovens. 2016. 366 f. Tese (Doutorado em Educação e Ciências Matemáticas) – Programa de Pós-Graduação em Educação, Universidade Federal de Uberlândia. 2016. DOI: < https://doi.org/10.14393/ufu.te.2016.62>. Disponível em: <

https://repositorio.ufu.br/handle/123456789/17564>. Acessado em: 12 mar. 2022.

BRASIL. Ministério da Educação. Base Nacional Comum Curricular – Versão Final. Brasília, 2018. Disponível em: <encurtador.com.br/akyzP>. Acesso em: 21 jan. 2022.

Costa, K. G., da Silva, M. R., Freitas, G. A., Garcia, D. F., & Zuliani, L. B. P. (2022). TC5 EDUCAÇÃO MATEMÁTICA INVENTIVA: PRODUZINDO PROPOSTAS EDUCACIONAIS DE MATEMÁTICA. ***Anais do Seminário de Ensino, Pesquisa e Extensão do Câmpus Sudoeste, 1, 93-102.*** Disponível em: < https://www.anais.ueg.br/index.php/sepe_sudoeste/article/view/15171/12127>. Acesso em: 07 fev. 2022.

DELEUZE, G. O que é um dispositivo? In: DELEUZE, G. O mistério de Ariana. Lisboa: Vega, 1996, p. 83-96.

de Oliveira Nascimento, E. M., da Silva, M. R., Freitas, G. A., & Silva, S. C. P. (2022). TC1 APRENDIZADO PEDAGÓGICO EM PERÍODO DE PANDEMIA: UMA EXPERIÊNCIA EDUCACIONAL COMO RESIDENTE DE MATEMÁTICA NA UNIVERSIDADE ESTADUAL DE GOIÁS. ***Anais do Seminário de Ensino, Pesquisa e Extensão do Câmpus Sudoeste, 1, 59-66.*** Disponível em: < https://www.anais.ueg.br/index.php/sepe_sudoeste/article/view/15167/12121>. Acesso em: 07 fev. 2022.

da Silva, M. P., da Silva, M. R., Freitas, G. A., & Garcia, D. F. (2022). TC9 INTERVENÇÃO PEDAGÓGICA COM ROBÓTICA NO PROGRAMA FEDERAL RESIDÊNCIA PEDAGÓGICA. ***Anais do Seminário de Ensino, Pesquisa e***

Extensão do Câmpus Sudoeste, 1, 129-136. Disponível em: <https://anais.ueg.br/index.php/sepe_sudoeste/article/view/15176/12130>. Acesso em: 07 fev. 2022.

dos Santos Leão, M., da Silva, M. R., Freitas, G. A., & Garcia, D. F. (2022). TC12 RELATO DE EXPERIÊNCIA: EDUCAÇÃO MATEMÁTICA INVENTIVA COM ROBÓTICA. ***Anais do Seminário de Ensino, Pesquisa e Extensão do Câmpus Sudoeste, 1, 152-159.*** Disponível em: <https://anais.ueg.br/index.php/sepe_sudoeste/article/view/15179/12134>. Acesso em: 07 fev. 2022.

Fernandes, D. M., da Silva, M. R., Freitas, G. A., & Garcia, D. F. (2022). TC3 EDUCAÇÃO MATEMÁTICA INVENTIVA COM ROBÓTICA EM TEMPOS DE PANDEMIA. ***Anais do***

Seminário de Ensino, Pesquisa e Extensão do Câmpus Sudoeste, 1, 76-83. Disponível em: <https://www.anais.ueg.br/index.php/sepe_sudoeste/article/view/15169/12126>. Acesso em: 07 fev. 2022.

KASTRUP, V. **A invenção de si e do mundo: uma introdução do tempo e do coletivo no estudo da cognição**. Belo Horizonte: Autêntica, 2007a. 256 p.

KASTRUP, V. **Aprendizagem, arte e invenção. Psicologia em Estudo**, Maringá, v. 6, n. 1, p. 17-27, jan./jun. 2001. DOI: https://doi.org/10.1590/S1413-73722001000100003. Disponível em: http://www.scielo.br/pdf/pe/v6n1/v6n1a03.pdf. Acesso em: 10 fev. 2022.

MATARIĆ, M. J. **Introdução à robótica** / tradução Humberto Ferasoli Filho, José

Reinaldo Silva, Silas Franco dos Reis Alves. São Paulo: Editora Unesp/Blucher, 2014.

MATURANA, H..; VARELA, F.. A árvore do conhecimento. Tradução Jonas Pereira dos Santos. São Paulo: Editorial Psy II, 1995.

SILVA, Náabis Lopes et al. TC4 EDUCAÇÃO MATEMÁTICA INVENTIVA: GEOMETRIA PLANA E ESPACIAL UTILIZANDO A ROBÓTICA. **Anais do Seminário de Ensino, Pesquisa e Extensão do Câmpus Sudoeste**, v. 1, p. 84-92, 2022. Disponível em: <https://anais.ueg.br/index.php/sepe_sudoeste/article/view/15170/12125>. Acesso em: 07 fev. 2022.

SILVA, M. R., SOUZA. JR., A. J. O uso da robótica na perspectiva da educação matemática inventiva. **ETD - Educação Temática Digital**, 22(2), 406-420. 2020a.

https://doi.org/10.20396/etd.v22i2.8654828. Disponível em: <https://periodicos.sbu.unicamp.br/ojs/index.php/etd/article/view/8654828/22391>. Acesso em: 12 mar. 2022.

SILVA, M. R., SOUZA. JR., A. J. Educação Matemática Inventiva: interfaces entre universidade e escola. Revista de Ensino de Ciências e Matemática (REnCiMa), v. 11, p. 212-224, 2020b. DOI: https://doi.org/10.26843/rencima.v11i3.2463. Disponível em: <https://revistapos.cruzeirodosul.edu.br/index.php/rencima/article/view/2463/1266>. Acesso em: 07 fev. 2022.

SILVA, M. R. Experiência com robótica educacional no estágio-docência: uma perspectiva inventiva para formação inicial dos professores de matemática. 2020. 252 f. Tese

(Doutorado em Educação) – Universidade Federal de Uberlândia, Uberlândia, 2020. DOI: https://doi.org/10.14393/ufu.te.2020.222. Disponível em: https://repositorio.ufu.br/handle/123456789/29034. Acesso em: 30 jan. 2022.

SILVA, M. R., SOUZA. JR., A. J. Educação Matemática Inventiva: fruto de uma pesquisa com o uso de robótica no estágio-docência. In: XIII ENEM - Encontro Nacional de Educação Matemática. 2019. Cuiabá-MT. Portal de eventos - sbem / Mato Grosso. Disponível em: <https://www.sbemmatogrosso.com.br/eventos/index.php/enem/2019/paper/view/681>. Acesso em: 30 jan. 2022.

SILVA, M. R. Matemática com Robótica: propostas de aprendizagem com interação virtual. Coleção Educação Matemática Inventiva. Livro Híbrido, volume: I. Goiânia:

IGM, 2021. 25 p. Disponível em: <https://clubedeautores.com.br/livro/matematica-com-robotica>. Acesso em 27 mar. 2022.

SILVA, M. R. Matemática com Robótica: propostas de aprendizagem com interação virtual. Coleção Educação Matemática Inventiva. Livro Híbrido, volume: II. Goiânia: IGM, 2021. 25 p. Disponível em: <https://clubedeautores.com.br/livro/matematica-com-robotica-iii>. Acesso em 27 mar. 2022.

SILVA, M.R. Matemática com Robótica: propostas de aprendizagem com interação virtual. Coleção Educação Matemática Inventiva. Livro Híbrido, volume: III. Goiânia: IGM, 2021. 25 p. Disponível em: <https://clubedeautores.com.br/livro/matematica-com-robotica-ii>. Acesso em 27 mar. 2022.

www.ingramcontent.com/pod-product-compliance
Lightning Source LLC
LaVergne TN
LVHW041301150826
845673LV00008B/2694

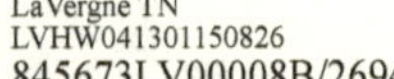

* 9 7 8 6 5 8 0 5 0 8 6 0 0 *